AF155881

© 2014, Camille Case

Edition : BoD - Books on Demand
12/14 rond-point des Champs Elysées, 75008 Paris
Imprimé par Books on Demand GmbH, Norderstedt, Allemagne
ISBN : 9782322012107
Dépôt légal : décembre 2014

Les nouvelles transcendances

Du même auteur

Complainte d'une femme mariée, BOD, 2009

L'atéchisme, BOD, 2010

Prendre le Maquis, BOD, 2011

Élections 2012, abstention ou complicité ? BOD, 2012

Dictionnaire sans prétention de l'économie prétentieuse, BOD 2012

Le mensonge de Marie, BOD, 2013

De l'incompétence des peuples en démocratie, BOD, 2013

Dictionnaire commenté des phobies, LULU, 2014

Procès de François Hollande, LULU, 2014

CAMILLE CASE

Les nouvelles transcendances

"L'avenir est la seule transcendance des hommes sans Dieu."

Albert Camus

Dans les temps anciens, il fallait invoquer les dieux pour que la pluie ne fasse pas défaut aux plantes. Les rituels étaient orchestrés par les pouvoirs spirituels (chamanes, sorciers et autres prêtres). L'homme a un jour compris les phénomènes météorologiques ; a-t-il arrêté de prier pour autant ? Il a trouvé d'autres objets à ses prières, la santé, le bonheur, l'amour, la vie éternelle… Il a beau constaté qu'aucune de ses prières, aussi fervente soit-elle, n'affecte le réel, il prie, il invoque une puissance dont il ne dispose pas pour s'extraire de cette matière souffrante et mortelle. Il s'en remet à ce qu'il imagine le dépasser, à un contraire immortel qui ne se montre qu'aux fous ou aux enfants.

Il semble qu'il faille une croyance en une transcendance pour faire société. Il semble parallèlement que les pouvoirs entretiennent celle-ci pour perdurer. De tout temps le chamane fut le complice du souverain, l'un pour entretenir les croyances, l'autre pour légitimer son pouvoir. L'annonce de la mort de Dieu ne fut qu'un espoir vain pour ceux qui y voyaient la fin d'une aliénation.

Bien sûr, Dieu n'est plus la transcendance "phare". Les pouvoirs ont imaginé d'autres croyances (la "Main Invisible", le marché, l'entreprise, la croissance…) qui ont gardé les mêmes caractéristiques archaïques des croyances originelles. Les temps ne sont jamais aussi "modernes" que nous le pensons.

Une transcendance est une explication du hasard, elle tend à donner un sens au sort. Elle invite à un retour aux origines inhumaines conférant à la vie terrestre un instant entre deux éternités, un mauvais moment à passer. Né d'une volonté divine, soumis à celle-ci, l'homme est le dessein du démiurge. Ce qui nous dépasse nous guide, ce qui est invisible nous aspire, ce qui est tout-puissant nous conduit.

La transcendance se rend accessible aux mortels par l'intermédiaire de récits, déclarés sacrés, dont les experts livreront aux fidèles la bonne interprétation. Une multitude d'exégètes s'est penchée sur les écrits y trouvant une vérité absolue, un sens caché et un nombre suffisant d'interprétations possibles pour que les récits s'actualisent.

La transcendance définit la morale ; règles qui viennent d'un haut impénétrable et qui scindent les hommes en deux catégories : les élus et les pécheurs ou les justes et les impies ou encore les sauvés et les condamnés. Le jugement, avant qu'il soit dernier, est prononcé par les prélats au nom d'une autorité céleste.

La transcendance est parfaite par essence ; l'homme est imparfait par nature, il détient au fond de lui un mal originel qu'il devra combattre sa vie durant pour espérer être sauvé ou guéri c'est selon. Détenteur du mal, l'homme est coupable à la naissance ; forts de cette culpabilité, les pouvoirs pénètrent l'intimité pour règlementer les comportements et les pensées. Ainsi l'aliénation est totale et la conscience de celle-ci disparait.

La transcendance, pour répandre ses faveurs, exige des sacrifices, qu'ils soient individuels ou collectifs ; ils sont ritualisés : procès staliniens, plans sociaux capitalistes, austérité économique succédant aux bûchers, aux supplices en tout genre, à l'excommunication pour la plus légère des peines.

La transcendance est servie par ses thuriféraires : experts, prélats, journalistes, sorciers, chargés de conserver la pureté du dogme ; il convient pour les affidés de défendre l'intégrité de la liturgie et de lutter contre les hérésies. Mise à l'index, buchers médiatiques, occupation des esprits par la propagande, refus des alternatives, *lobbying* ; la propagation de l'idéologie transcendantale suit une véritable stratégie de combat dans le but de s'accaparer les pouvoirs, de les influencer et de s'emparer des esprits.

Les nouvelles transcendances se parent de rationalité pour dissimuler leur dogme parfaitement irrationnel. Elles tentent de donner tort au réel pour préserver leur vérité idéologique par des discours fallacieux, mensongers, ineptes, assénés jour après jour afin de ne pas désespérer les croyants.

Comprendre les transcendances, c'est se donner une chance de liberté. Comprendre les transcendances pour mieux les désarmer et retrouver une immanence perdue.

I

Les nouvelles transcendances

La Main Invisible

L'une de ces nouvelles transcendances semble être la mère de toutes les autres. Les experts la nomment "La main invisible".

La Main Invisible est une expression utilisée par Adam Smith dans son ouvrage intitulé : « *Recherches sur la nature et les causes de la richesse des nations.* » Ce philosophe pensait que chacun était poussé par la satisfaction de ses propres intérêts et qu'une main invisible faisait en sorte que cette satisfaction profite à l'intérêt général. Ainsi, point n'est besoin d'une loi ou d'une autorité pour répondre à l'intérêt général. La Main Invisible est une puissance supra humaine qui conduit les hommes malgré eux à l'harmonie dans leur organisation. Si l'harmonie naturelle se dégrade c'est que les hommes et leurs organisations interviennent dans ce divin ordonnancement et le dénature.

La Main Invisible possède toutes les caractéristiques d'une transcendance, elle est en effet inaccessible à la compréhension des humains puisqu'au-delà d'eux. Elle n'est pas davantage perceptible par les sens et particulièrement par la vue. Elle est une puissance puisqu'elle ordonnance le monde par delà la volonté humaine dont elle interdit toute irruption dans le processus harmonieux. Elle fait donc le bien malgré la nature égoïste des hommes. Elle prétend être le seul droit qui fait société excluant tout droit humain au nom de sa perfection et de l'imperfection humaine.

La morale de la Main Invisible s'articule autour de la notion de liberté : aucune contrainte ne peut affecter l'homme ; autrement dit, la contrainte est immorale. La loi, par exemple, est immorale puisque la liberté des individus lui est soumise. La Main Invisible permet un arrangement contractuel entre personnes raisonnables et égales ; point n'est besoin de lois. Les vertus morales de la Main Invisible sont la rationalité et la productivité dans le but de créer des richesses à l'infini. Les vertus de la Main Invisible ont des finalités exclusivement économiques et quantifiables.

S'il y a morale, il y a faute. Celle-ci réside dans toutes les tentatives humaines d'organiser les sociétés par la loi ne confiant à aucune transcendance le soin de la promulguer ; idée parfaitement insupportable pour les idéologues de la Main Invisible.

Les mécréants et incroyants ; tous ceux qui ne croient pas en la Main Invisible, sont soit socialistes archaïques, soit communistes, soit anarchistes, soit fous ou plus sans affinités. Exclu des débats pour cause de mal-pensance, jugé irresponsable, honni par les économistes de l'église, décrédibilisé, le non-croyant en vient à penser qu'il serait plus aisé de croire et est sommé de rejoindre les adorateurs ; croyant et pratiquant.

L'idée est que ceux qui ne profitent pas de la Main Invisible soient satisfaits de ne pas en profiter en espérant qu'ils seront un jour invités au banquet des élus : "ça ira mieux demain."

Le concept de Main Invisible fut "réactualisé" par Friedrich Hayek et Milton Friedman et mis en œuvre dans différents pays. A la suite d'un coup d'état du 11 septembre 1973 qui renversa le gouvernement élu chilien, Augusto Pinochet prend le pouvoir : suppression de la démocratie, dissolution du parlement, suppression de la liberté de la presse, destitution des maires, nomination de militaires à la tête des universités.

Les cadres de la nouvelle administration sont recrutés parmi les catholiques conservateurs, prônant la liberté et la propriété privée, farouchement opposés à la démocratie ; les transcendances fusionnent. Ils sont rejoints par les *Chicago Boys*, économistes directement inspirés (certains d'entre eux suivirent son enseignement) par Milton Friedman qui nommera l'expérience chilienne : « le miracle chilien ». Les liens entre l'université de Chicago et l'université pontificale catholique du Chili se renforcent, les *Chicago Boys* soutiennent la dictature au nom de l'absolue liberté de l'économie.

Résultat de l'expérience en dehors des tortures, assassinats et des 100 000 personnes incarcérées : augmentation de la pauvreté, augmentation du chômage, explosion de la dette.

La mise en œuvre de la Main Invisible ne fonctionne qu'avec un régime absolu. « *Parfois il est nécessaire pour un pays d'avoir, pour un temps, une forme ou une autre de pouvoir dictatorial* » écrivait Friedrich Hayek. La Main Invisible, comme toutes les transcendances ne cache pas ses intentions pour qui sait lire, écouter et discerner.

Le mode opératoire de la Main Invisible se nomme désormais le libéralisme absolu. C'est un système de classe ; là où il sévit, la pauvreté augmente et les richesses se concentrent. Mme Thatcher (grande amie du dictateur Pinochet) aura marqué son « règne » par l'augmentation de la pauvreté et un taux de chômage resté élevé ; probablement la notion de Milton Friedman de : "chômage naturel".

Le dogme de la Main Invisible s'appuie sur une croyance se rapprochant idéologiquement et concrètement des croyances religieuses. En cela il se proclame vérité révélée.

« La liberté grandit les hommes car elle implique d'assumer la responsabilité de ses choix. » Cette phrase, répétée par les thuriféraires, emprunte la notion de libre-arbitre aux religions monothéistes. Être responsables de ses choix,

c'est oublier que la plupart de nos choix est conditionné par notre origine sociale, notre culture, notre pays, notre langue, notre éducation, nos traumatismes, le climat, la couleur de notre peau, les circonstances, nos névrose, nos affects, etc.

La Main Invisible prône le principe de l'inégalité consentie par ceux qui sont moins égaux que d'autres. Le sacrifice des faibles et des fragiles est le « sang » à verser à la Main Invisible pour qu'elle assure l'harmonie.

La Main Invisible met en scène sa divinité dans des offices religieux où chacun est invité à communier : les émissions économiques en boucle sur certains médias télévisés, les chiffres des bourses assénés sans relâche, les pages saumonées des uns et les pages spéciales des autres.

Un des rituels les plus remarquables est ce qu'il est convenu d'appeler un débat, c'est-à-dire une assemblée de prêtres ou d'experts qui n'ont aucun désaccord puisqu'étant tous de la même obédience. Le débat n'est qu'un prétexte pour asséner la vérité seule et unique du dogme. Dans ces "messes" on célèbre l'harmonie qui nous attend quand les peuples cesseront de vouloir intervenir sur leur sort.

La Main Invisible a ses temples : les écoles dites de commerce qui se nomment dorénavant "écoles de management". Il s'agit de former les adeptes par la répétition du dogme sous toutes ses formes. On y apprend toute la liturgie propre aux missions de prosélytisme qui attendent les novices. La finalité poursuivie par l'enseignement est le parfait modelage de la pensée et l'éradication de toute forme de doute et de questionnement ou, pis, toute tentative de penser par soi-même.

La morale est revisitée et les notions habituelles du bien et du mal sont bouleversées. Elle se fonde sur la compétition et son corollaire : la survivance du plus apte. Dans ces écoles sont formés les futurs chefs de bande appelés managers qui apprennent à obtenir la docilité de ceux qui créeront les richesses dans les entreprises. Il semble en effet que ce soit tout un art de faire travailler les autres.

La parole de la Main Invisible est dite par les prêcheurs. Qui sont-ils ? Pour la majorité d'entre eux, des économistes qui ne s'atterrent pas ; omniprésents dans tous les médias, délivrant le dogme *ad nauseam*, clergé qui célèbre les messes et sacralise les rituels. Ils font des prédictions, se trompent mais demeurent ; la Main Invisible ne rend pas de compte au réel.

Le Marché

La Main Invisible s'est incarnée à l'instar d'une autre histoire d'incarnation. Ce dieu fait chair prend le nom de : Marché.

Finalité existentielle de chaque individu, tous les chemins mènent au marché. Le marché est un trou noir aspirant les choses et les êtres pour en faire des marchandises. La marché parle, édicte, a des sentiments, déprime, se redresse, frissonne, rebondit, sanctionne, juge.

On évoque le marché ou les marchés selon qu'on soit monothéiste ou polythéiste.

Le marché décide du sort des peuples et des individus. C'est une divinité dont le comportement est proche de celui du pervers narcissique ; tout est utilisable pour satisfaire ses intérêts. L'être humain est avant tout un coût qu'il convient de réduire par tous les moyens pour ajouter de la valeur à la valeur répondant ainsi à la névrose obsessionnelle de l'accumulation.

L'accumulation permanente de richesse est en effet le seul horizon du marché. Tout ce qui peut l'entraver est condamnable, condamné et neutralisé. L'Etat, outil des peuples, subit des tentatives d'éradication ; il s'agit en effet pour le marché de soustraire au "politique" et aux peuples le pouvoir de réguler la jungle pour qu'ils ne puissent plus préserver ce qui reste de biens communs et donc d'outils propres à organiser la société dans laquelle les peuples veulent vivre.

La faute originelle a un nom : l'Etat. Les peuples doivent expier ces utopies républicaines nées de la souffrance, du sang versé et du malheur. Faisons comme s'il n'était rien arrivé. Revenons avec insouciance aux années bêtes qui précèdent toujours les années noires. Faisons expier aux utopistes ces envies de fraternité et remisons les tentatives d'émancipation dans la nuit de l'histoire. Les émigrés reviennent de Coblence.

Tenter de se soustraire au tout-marchand est une faute que les enfants paieront dans la délinquance. Les habitants de la terre sont énergiquement invités à laisser leurs vielles lunes solidaires au marché qui saura les rendre efficaces et efficientes comme l'on dit dans les milieux "marchophiles". S'opposer à cette marche du monde c'est refuser la modernité, attitude mortifère niant l'inexorable progrès. Nous sommes égoïstes sans penser aux générations suivantes à qui le marché promet le bonheur. Et puis il faudrait être inconscients pour ne pas admettre que le marché dérégulé est la seule solution. "Combien voyez-vous de doigts ?" demande Richard Burton à John Hurt dans le film

"1984". Il fallait répondre non pas le nombre visible mais celui attendu par le parti.

Les humains sont devenus des coûts, chosifiés dans la colonne des dépenses, massifiés dans les statistiques économiques ; faudra-t-il que les hommes rampent pour ne plus apparaître dans les comptes ? Le marché dicte les conduites collectives, les comportements individuels jusqu'à s'immiscer dans l'intimité.

Toute déité exige des sacrifices. Quand la messe sociale est dite, le sacrifice fait l'objet de liesses boursières et de feintes indignations des pouvoirs. C'est le prix à payer au marché qui réclame ses charriots de condamnés au nom de l'efficacité. Le suprême rituel, la communion de "saints", est la note délivrée par des organismes de notation incontrôlables par les peuples, mais contrôlés par des intérêts privés, qui après étude des comptes nationaux, autrement dit après l'écoute de la confession, condamne à la prière de repentance : "vous me ferez trois point de déficit". Les chefs d'État et de gouvernement s'agenouillent et entonnent les litanies imposées : diminution des dépenses sociales, diminution des impôts dédiés aux entreprises et au capital, diminution des protections légales du travail ; il s'agit de livrer l'individu au marché, comme on livre le soldat au front.

Pour reléguer le bien public au rang des souvenirs, la méthode est toujours la même : déréglementation (ce qui veut dire changement des règles et non pas annulation des anciennes) ou mise en concurrence déloyale des services publics. Si par exemple, le marché exige de s'accaparer le secteur de la santé, il pressera avec succès le gouvernement du peuple de diminuer les budgets nécessaires aux hôpitaux par exemple et de créer des carences afin que les hôpitaux privés puissent conquérir une clientèle nouvelle.

La déréglementation permet au marché de fonctionner hors la loi et selon ses propres normes. C'est en effet ce glissement qui s'opère : la norme des affaires se substitue à la loi des peuples au point que certains ont pensé à inscrire dans la constitution les normes du marché.

Rien n'échappera à terme au marché puisque tout est "marchandisable" y compris l'intimité du vivant. Nous ne sortirons du marché que miséreux ou morts.

L'entreprise

Il s'est passé pour l'entreprise ce qui s'est passé pour le Christ, une ascension vers le plus haut des cieux, à la droite de la Main Invisible.

L'entreprise était, dans la deuxième moitié du XIXe siècle, un lieu d'aliénation où l'on fabriquait des produits dits manufacturés. Il s'agissait pour le capital d'exploiter la force de travail des femmes, des hommes et des enfants. Les différentes luttes sociales remirent les entreprises à leur place jusqu'à ce qu'elles reviennent en force au début des années 1970.

Depuis elles se sont installées dans des pays totalitaires ou à faible culture syndicale. En Occident, la progression du chômage renversa le rapport de force en sa faveur dont elle profite toujours aujourd'hui mais, bien plus, elle s'érige dorénavant comme la seule finalité sociale. Non seulement, l'entreprise s'est mondialisée mais tente de mondialiser du même coup l'ensemble des organisations humaines, des comportements et des pensées. Nous ne sommes plus des individus mais des managers ou des managés. Il est fortement conseillé d'être entrepreneur de soi-même et de manager notre vie. Que ne manage-t-on pas aujourd'hui ? Notre nation a été envahie par les managers au point que la France est devenue une entreprise.

L'école, préservée jusqu'alors, pourrait-être le prochain théâtre de la pénétration de cette nouvelle transcendance qu'est l'entreprise puisqu'il est prévu de délivrer la bonne et unique parole entrepreneuriale aux jeunes enfants. L'entreprise avait déjà réussi à ce que l'ensemble des pédagogies s'orientent vers l'employabilité des jeunes têtes blondes, elle veut dorénavant se substituer à un enseignement de la culture déjà carencé, seul outil de critique et d'autonomie de la pensée.

Les chefs d'entreprise sont les nouveaux héros, adulés, écoutés, faisant office de sauveur de la nation dans la guerre économique mondiale, ils exigent, menacent, influent pour préserver et accroitre leurs intérêts. L'entreprise tire sa position de force dans sa prétention déclarée à être la seule à pouvoir créer des emplois, à offrir le bonheur marchand. Déclaration mensongère puisque c'est la conjoncture qui crée l'emploi quand elle est favorable ; l'entreprise n'est qu'une chambre d'enregistrement. Certes, elle crée l'emploi des dirigeants qui voguent d'une entreprise à l'autre entre deux postes de haut-fonctionnaire ; petites carrières dans petites pantoufles.

La chapelle virtuelle des grandes entreprises est le CAC40. C'est là où se dit la messe et la liturgie est réduite à sa plus simple expression : "ça monte" ou "ça baisse" ou, dans la langue rituelle : "increase", "decrease". Les grands prêtres ouvrent les volailles indiciaires pour, dans un langage abscons, interpréter la volonté du marché et délivrer la vérité boursière aux fidèles béats.

L'entreprise est le nouveau lieu d'épanouissement de l'homme. Il est enjoint d'y trouver la motivation et l'enthousiasme et, s'il ne manifeste pas l'engouement requis, il fera l'objet de coaching, de développement personnel, de tests pseudo-psychiques afin qu'il retrouve la voie heureuse de la productivité.

La liturgie de cette transcendance s'appuie sur un jargon obscur qui ne dit rien mais prétend signifier ;

Asap : désigne la temporalité exclusive de l'entreprise propre à se soustraire à la réflexion.

Benshmark : comparer ce qui nous ressemble.

Blacklister : discriminer.

Borderline : passage de la norme à la marge.

Brainstroming : tempête dans un verre d'eau.

Branding : propagande.

Capital humain : capitalisation de l'être humain.

Codir : tribu endogame.

Com. : absence de dialogue.

"Confusant" : aveu de confusion de sa pensée.

Copil : pilotage automatique.

Cordialement : sans cœur.

Core business : métier sans cœur.

Corporate : organisation désincarnée.

Cost killer : tueur à gages.

Culture d'entreprise : désigne les rituels religieux de l'entreprise.

Créativité : incantation totémique.

Cut taxes : évasion fiscale.

Deadline : mort annoncé d'un plan d'action.

Debriefing : confession des péchés.

Décision : seul le temps décide.

Délivrable : bientôt libéré.

Drastique : opulence pour les autres.

DRH : seules les ressources s'exploitent.

Éthique : absence de morale.

Focus : s'oppose au grand angle.

Force de proposition : courbette intellectuelle.

Guideline : ligne du parti.

Harmoniser : uniformiser.

Incentive : Remplace le fouet des gardes chiourmes.

Innovant : faire un peu plus de la même chose.

KPI : tarot de Marseille.

Leadership : illusion comportementale.

Macro : grossièreté.

Manager : sous-chef.

Matriciel : qui n'accouche de rien.

Méta : action de lévitation.

Optimiser : syndrome de toute-puissance.

Outsourcing : maltraitance des sous-traitants.

Package : mise en boite.

Performer : hyperactivité.

Pertinence : refus de l'impertinence.

Prioriser : oublier l'important.

Process : tâche monotone et imbécile.

Reporting : thérapie de groupe.

Shareholder : Percepteur des taxes sur le travail.

Stratégie : désigne la tactique.

Synergie : quand 1+1 = 3 ; erreur grossière de calcul.

To do list : liste de vaines occupations.

Transversalité : multiplication des chefs.

Win Win : accord léonin.

La messe entrepreneuriale est dite en *globish* pour les initiés.

Le Climat

Le ciel était aux dieux, désormais il est le siège du climat et il risque de nous tomber sur la tête. Menace venue du ciel, comme souvent les transcendances, le "réchauffement climatique" est une nouvelle divinité menaçant l'existence même de l'espèce humaine, une sorte de divinité maléfique, bras armé d'une punition qui nous est promise. L'activité humaine serait la cause de ce réchauffement en toute probabilité mais aucune certitude scientifique n'existe à ce sujet d'autant que la planète a connu d'autres périodes de réchauffement il y a plus de dix mille ans. Si une théorie n'est pas réfutable c'est qu'elle peut être fausse.

Cette transcendance, comme toutes les transcendances, énonce une vérité qui dépasse toutes les prudences scientifiques ; ainsi naît le dogme. Il ne s'agit pas de nier le phénomène mais d'en connaître avec certitude les causes. Il y eut par le passé des périodes de glaciation et de réchauffement sans que l'activité humaine y ait contribué pour autant.

Cependant, la catastrophe est imminente et le choc va se produire si nous ne changeons pas nos comportements. Alors que le phénomène est irréversible, des règles, des normes et des taxes se sont abattues sur chacun faisant de la vie un "enfer" bien plus brûlant que le réchauffement annoncé. L'humain est pris dans une double contrainte : consommer pour le marché et se réfréner pour le climat, entre l'injonction du marché et celle du climat ; les terriens sont mûrs pour la schizophrénie transcendantale.

Cette transcendance a édicté sa propre morale, il y aurait les comportements vertueux et les comportements irresponsables. Le monde se sépare à nouveau en deux, ceux qui trient leurs déchets et ceux qui ne s'en soucient pas ; ceux qui tracent leur carbone et ceux qui s'accommodent.

La faute est évidemment individuelle, il s'agit là encore de créer une culpabilité chez chacun pour obtenir son consentement à des règles et le soumettre à des comportements attendus. Les maîtres des humains ne manquent pas d'inventivité pour écrire la liturgie : "développement durable" est le plus fameux oxymore de cette nouvelle langue.

Le climat que nous connaissions est perturbé, il est plus que probable que l'activité humaine y contribue mais cette transcendance est un sous-dieu de la main invisible. Nous avons, par démission, laissé faire le "laisser-faire" et nous ne pourrons stopper les conséquences néfastes de l'harmonie naturelle qu'en revisitant de fond en comble notre modèle de développement, en destituant la Main Invisible et la toute puissance de son incarnation : le marché.

La dette

Très récemment, une autre transcendance est apparue : la dette. Cette apparition est une résurgence d'un archaïsme qui, de tout temps, a été le moyen pour les maîtres d'assurer leur pouvoir. Comment ne pas penser à notre dette des origines ? Comment ne pas évoquer notre obligation de racheter notre faute pour parvenir à la rédemption ?

La dette des peuples leur signifie qu'ils sont fautifs ; il leur faudra donc payer la faute. Les pouvoirs dénoncent le comportement "cigalier" et insouciant des peuples et réclament un sacrifice collectif : "vous avez été dépensiers, votre souffrance est méritée et rédemptrice ; *dansez maintenant* !"

Ne pas rembourser est devenu une faute morale ; la règle économique s'est emparée de la morale universelle. Les peuples se courbent sous les fourches de la sauvagerie érigée en éthique.

Les hommes sont à genoux et ils pleurent ; il n'y a apparemment plus rien d'autre à faire. Mais si nous nous posions la question : "Que doit-on et à qui le doit-on ?" la réponse serait embarrassée. Les citoyens remboursent une dette dont ils ne connaissent ni l'origine ni les créanciers. Nous avons endossé soudainement le statut de débiteur. Il n'est pas sans signification que le mot rédemption veuille dire : racheter.

On aurait pu penser que seul le criminel devait payer sa dette à la société ; nous sommes donc des criminels. Retour de l'antienne religieuse ; notre faute est intériorisée et nous sommes par essence des pécheurs, des fautifs, des prodigues. La "moraline" se déverse en braises sur notre culpabilité et nous remboursons, nous remboursons, dussions-nous y laisser notre jugement et notre vie.

La dette transcendante fait de nous de vivants cadavres pénitents, parcourant à genoux les chemins d'un Compostelle bancaire comme d'autres, pour racheter la dette des hommes, ont parcouru le chemin de croix.

Comment une dette nait-elle ? Si les recettes d'un pays diminuent, les dépenses, même si elles sont constantes, augmentent en proportion.

Qui décide de la diminution des recettes ? Le gouvernement. Le peuple français a-t-il demandé que les recettes de l'État soient diminuées ? Non ! Qui doit payer la dette ? Le peuple.

Nous n'avons aucune obligation de croire que la dette crée une obligation, d'autant que ni vous ni moi ne l'avons contractée. Il n'y a pas de précepte moral qui oblige au remboursement d'une dette d'argent sauf quand il s'agit de la morale des marchés financiers qui est invoquée. Si les banques ont remboursé une grande partie des sommes que le citoyen leur a, par obligation, prêtées, se sont-elles acquittées des préjudices consécutifs à leur crime ? Si, comme on le dit souvent, les dettes sont socialisées et les profits privatisés rien n'empêcherait de privatiser les dettes et de socialiser les profits ; juste retour des choses.

La dette est un artifice culpabilisant de domination des peuples et des consciences. Nous, peuples, ne devons rien.

La croissance

Cette transcendance fait l'objet d'incantation répétée *ad nauseam* : "Il faut retrouver la croissance." Où peut-elle donc se cacher ? "Nous sommes sur le chemin de la croissance." Pour aller où ? La croissance serait-elle ce paradis perdu dans les années 1970 et qu'il nous faudrait retrouver quitte à "faire des sacrifices" ? Sacrifice, le mot est lâché ; allons-nous tuer le bœuf ou le mouton ? Allons-nous répandre le sang des vierges ?

Le 20 juillet 1969, deux hommes alunissent. Ils prennent des photos de la terre et nous révèlent cette petite boule bleue, perdue dans l'espace ; notre monde est clos et fini. Cette image aurait dû interroger notre mode de développement. Comment peut-on prier le dieu croissance sachant que les richesses de notre planète sont finies ? Rien n'y fit et rien n'y fait, la croissance est invoquée, priée, "incantée" au point que nous déléguons, comme c'est l'usage, notre pouvoir et notre vie à celle-ci.

Tous les matins, l'inquiétude nous prend : que disent les augures ? La croissance va-t-elle revenir pour que mon fils trouve du travail, pour que ma retraite ne diminue plus, pour qu'enfin je puisse aller chez le dentiste ? Non, nous n'avons pas assez sacrifié à la divinité. Il faudra encore et encore donner de sa vie, quarante ans, cinquante ans, soixante ans et de son temps, quarante heures, cinquante heures, soixante heures. La divinité est anthropophage et chronophage !

La croyance a à ce point pénétré nos pensées et nos consciences que tout doit croître, les objets que nous possédons, l'équipement de nos voitures, l'argent de notre compte, les technologies de communication. Pourtant, nous savons depuis 1969, que chaque objet acheté est une irréversible diminution de la ressource de notre planète. Nous le savons de façon lointaine ; après nous le déluge ! Nous continuons à croître et à nous multiplier pour laisser en héritage la seule croissance dont nous sommes capables : la croissance de la dévastation.

La déesse Croissance n'est jamais repue, les forêts, les rivières, l'air, les sols et les hommes seront sacrifiés mais nous consentons au sacrifice.

Les thuriféraires de la croissance sont des intégristes, enchaînés par le dogme, aveuglé par leur foi, ils conquirent et colonisèrent jadis par le sang des territoires paisibles pour convertir les peuples. Depuis, les hommes se sont soumis à la divinité pour leur malheur.

Les messes sont dites par les économistes, par le personnel politique ; ils sentent en effet que la foi faiblit mais ils savent que la soumission est telle qu'aucun fidèle en proie au doute ne tentera de s'émanciper de la croyance. Les offices sont permanents : la vente de voitures qui baissent ou qui augmentent, les achats de Noël qui sont meilleurs ou moins bons, la consommation qui repart ou qui stagne ; toutes les activités humaines font l'objet de rituel d'annonces. En cas de décroissance, les sacrifices reprendront de plus belle, en cas de croissance les victimes trouveront un répit sauf les dindes en décembre.

La planète a tout donné, mais les adorateurs de la croissance n'en ont cure, ils couperont le dernier arbre et, à l'instar des Pascuans, nous laisserons un désert derrière nous. Mais où irons-nous ?

La démocratie représentative

Née de la révolution bourgeoise de 1789, la démocratie représentative est la parfaite illustration de ce qu'est un oxymore. Depuis ces glorieuses années révolutionnaires, le système représentatif est présenté comme une démocratie, comme un système indépassable, au point que, à l'instar des grandes conquêtes espagnoles et des guerres colonisatrices, il est exporté par le fusil et le canon dans des croisades qui ne disent pas leur nom.

Transcendant parce qu'intouchable, parce qu'inatteignable, le système représentatif s'impose aux citoyens et les condamne à l'impuissance : "votez et laissez-nous faire". L'illusion consiste à nous faire croire que la démocratie consiste à choisir ses représentants. Il n'est pas question de gouvernement par le peuple pour le peuple mais de gouvernement par les maîtres pour les maîtres. Indéniablement nous avons évolué ; il fut un temps où les esclaves ne choisissaient pas leur maître. La supercherie réside dans le fameux choix ; de quel choix s'agit-il ? Entre la social-démocratie et la démocratie sociale ? C'est un leurre pour poisson candide. Entre un nationalisme et un internationalisme ? Une tromperie pour citoyen stupide. Le choix n'est pas la liberté mais un succédané.

Les maîtres comptent sur les croyants - les votants - pour entretenir le culte ritualisé tous les cinq ans par le choix du maître suprême. Entre ces deux messes solennelles, les maîtres servent les intérêts de leurs propres maîtres et se retournent contre leur peuple ; pour rendre la monnaie de la pièce à ceux qui les financent, les maîtres démocrates garantissent leur opulence et nous infligent l'austérité.

Et nous votons !

La représentation est inscrite en profondeur dans nos cerveaux et dans nos corps ; nous livrons nos votes et nos voix s'éteignent au fond de nos gorges nouées par notre impuissance, souhaitant sans y croire que la femme ou l'homme élu sera providentiel.

Un autre subterfuge est le concept de majorité ; une toute petite minorité (les représentants et leur parti) impose sa volonté à la grande majorité (le peuple). Quelques centaines de milliers de cerveaux seraient-ils plus clairvoyants que des millions d'autres ? Il ne parle pas au nom du peuple français mais en leur nom propre : "j'ai décidé" ; arrogance démocratique, forme grammaticale révélatrice de la confiscation du pouvoir par quelques-uns ; intolérable dans une démocratie qui en serait une !

Enfin, qu'est une démocratie qui permet que le personnel politique soit professionnel, autrement dit, un régime est-il démocratique dès lors qu'une classe de femmes et d'hommes vivent d'une rente "mandatière" ?

Et nous votons, nous faisons notre devoir, nous nous soumettons aux maîtres parce que nous les avons choisis. Ce que les régimes monarchiques et totalitaires ont obtenu par la violence, le système représentatif l'a obtenu par le consentement et l'asservissement volontaire des citoyens.

Il faut entretenir la croyance, répéter les votes pour donner l'illusion d'une participation des citoyens à la vie démocratique. Les culpabiliser si les uns ou les autres manifestaient la tentation de se soustraire à la communion du bureau de vote. Médias, politiques et autres thuriféraires prêchent l'évangile, organisent et commentent les offices, les meetings, les soirées électorales et autres rituels qui sont censés ranimer la foi des croyants.

Les prêches assassinent notre intelligence tant ils sont indigents ; décervelés, nous courberons le dos cinq ans encore, cinq ans de plus.

Naitrait en nous un sentiment de révolte qu'il serait aussitôt muselé par la propagande. Émergerait en nous une envie d'insurrection que l'ordre républicain fort de ses matraques démocratiques nous rappellerait qui est le chef : "Enfoncez-vous ça dans le crâne !"

L'impuissance du peuple n'est pas consubstantielle mais constitutionnelle. Il faudra un jour en prendre conscience au risque de se retrouver pénitents, à genoux, devant l'Élysée ; le paradis confisqué.

II

L'immanence

Les sociétés ont l'habitude de s'organiser en séparant ce qui est de l'ordre des hommes de ce qui les dépasse autrement dit : en différenciant le profane et le sacré. Nous avons observé ce qui dépassait les hommes aujourd'hui en tentant de comprendre ce que sont les nouvelles transcendances. Il n'est pas de transcendance sans sacré. Il convient pour les prélats de créer d'autres sacralités, de trouver les lieux du sacré soit en détournant les lieux existants, soit en envahissant des domaines jusque là inaccessibles, soit en détruisant les sacralités existantes.

Mais que ce soit sacré ou profane, il en va de la décision des hommes, il en va de l'action des hommes eux-mêmes. Derrière les transcendances, il y a des femmes et des hommes, les thuriféraires, les propagandistes, les dogmatiques, les croyants intégristes qui désacralisent et sacralisent, qui déréglementent et règlementent, qui réifient et sacrifient. Il n'y a rien de transcendant chez l'homme dans son entreprise d'asservissement de son semblable. Le sacré, s'il asservit, est humain ; il convient de le remettre à sa place ; au service de l'homme ou alors de l'anéantir si sa destination est l'asservissement.

Les organisations humaines qui s'essaient à la démocratie élaborent des constitutions pour dire comment les hommes vont vivre ensemble. La constitution est l'expression même des peuples de la volonté de décider de leur destin. La constitution est la déclaration de la souveraineté des hommes et non une reconnaissance de leur vassalité ; la constitution est l'expression de l'immanence.

Les transcendances sont anticonstitutionnelles.

Texte du préambule de la constitution française du 4 octobre 1958 : "*Le peuple français proclame solennellement son attachement aux Droits de l'homme et aux principes de la souveraineté nationale tels qu'ils ont été définis par la Déclaration de 1789, confirmée et complétée par le préambule de la Constitution de 1946, ainsi qu'aux droits et devoirs définis dans la Charte de l'environnement de 2004.*"

Extrait de l'article 1 : "*La France est une République indivisible, laïque, démocratique et sociale.*"

Extrait de l'article 2 : "*Son principe est : gouvernement du peuple, par le peuple et pour le peuple.*"

Extraite de l'article 3 : "*La souveraineté nationale appartient au peuple qui l'exerce par ses représentants et par la voie du référendum.*

Aucune section du peuple ni aucun individu ne peut s'en attribuer l'exercice."

La main invisible se substitue au principe de souveraineté nationale. Elle entend confier le pouvoir à l'inévitable harmonie naturelle issue des égoïsmes. La main invisible est anticonstitutionnelle d'autant que l'article 1 rappelle que la république est laïque, c'est-à-dire qu'elle exclue du commun les opinions ; or, le concept de Main Invisible est une opinion.

Le marché nie la constitution quand il prétend organiser les interactions entre les hommes. Ce sont les hommes qui décident de ce que sont leur relation et les relations entre les citoyens ne sont pas marchandes. Les lois sont votées au nom des marchés et de leurs représentants : Agence de notations, OMC, FMI, Banque Mondiale. Dans ces organisations, il y a des femmes et des hommes qui ont des noms (Lamy, Lagarde…). Ces hommes et ces femmes entreprennent sciemment d'imposer le marché comme fin ultime de l'humanité, comme fin de l'histoire. Il ne s'agit pas de transcendance mais bien d'une volonté incarnée.

L'entreprise est anticonstitutionnelle quand elle s'attribue l'exercice de la souveraineté nationale. N'est-ce pas ce qui se produit quand l'entreprise s'arroge une partie des subsides de l'État au détriment du peuple avec la complicité de ses représentants. La souveraineté nationale n'appartient plus au peuple mais est désormais dans les mains d'intérêts privés. Le MEDEF est désormais le détenteur des pouvoirs et, à son service, un premier ministre qui ne cesse de déclarer sa flamme et son inconditionnel soutien aux putschistes. Ceux-ci ont des noms et des costumes, ils sont faits de chair et d'os même s'ils ont perdu leur humanité dans les salles de marché. Ils ne viennent pas, à tire-d'aile, d'un ciel éloigné, mais bien du ventre d'une mère entre deux cuillères d'argent. Ils se chapeautent pour leur retraite et n'emporteront pas leurs options au paradis. Là encore, pas de transcendance, là encore pas de puissance ; une immanence détestable mais une immanence et rien que cela.

Le risque climatique est au-dessus de nos têtes et il est indéniable mais on a retiré au peuple le pouvoir de concevoir un mode de vie qui soit plus prudent quant aux conséquences environnementales. Le climat est alors invoqué pour faire peser la culpabilité sur chacun ignorant les pollueurs impénitents qui poursuivent le réchauffement de leur compte en banque. Ceux-ci sont facilement repérables, on les suit à leur trace carbone tant elle est visible.

La dette a été contractée par nos représentants, le peuple n'en est pas redevable, le peuple n'est pas endettée. La dérèglementation, véritable nom de la mondialisation, a été décidée par les hommes qui se ont succédés à la présidence de la République ; ces hommes ont des noms, celles et ceux qui les ont soutenus ont des noms. Cette dérèglementation a conduit à un perte de souveraineté monétaire et financière ; ils ont donc pris des décisions anticonstitutionnelles.

Dans l'article premier de la Constitution, il est dit *:*
" Elle [la France] respecte toutes les croyances." Respecter ne veut pas dire adopter. La croyance en la croissance a cependant été adoptée ; elle est au centre de la réflexion politique. Elle est implorée et priée pour son retour attendu comme celui du sauveur. Ces grands prêtres ont des noms, les économistes adorateurs ont des noms,

ils ne chevauchent ni licorne, ni chevaux ailés ; ils enfourchent les simplismes comme ils enfilent leur chaussette et se tournent vers la caméra comme d'autres se tournent vers des lieux saints pour nous inviter à leur croyance. Ce ne sont que de petits hommes, de stupides petits hommes.

La démocratie représentative utilise une contradiction de la Constitution. L'article 2 stipule que le principe de la république est le "gouvernement du peuple, par le peuple pour le peuple." Le gouvernement n'est pas celui du peuple mais celui nommé de façon discrétionnaire par le président de la République. Le peuple ne gouverne pas ne pouvant s'opposer aux décisions prises par le Président ou le gouvernement ou aux lois votées par les représentants des partis politiques. Quant à un gouvernement qui servirait les intérêts du peuple, nul besoin d'argumenter pour démontrer que le gouvernement agit contre le peuple, notre vie quotidienne rend compte de cet état de fait. La contradiction de la constitution est bien là : un appel au peuple d'une part dans l'article 2 et les articles constitutionnels qui stipulent le contraire. Les gardiens de la foi, assis sur la constitution, ne sont pas près de se lever.

Descendons les transcendances des cieux où elles ne résident pas et soyons propriétaires à nouveau du droit des Hommes.

Réapproprions-nous, dans la Constitution du 24 juin 1793, la déclaration des Droits de l'Homme et du Citoyen et mettons en œuvre les articles les plus appropriés et s'il le faut, appliquons l'article 35 :

Article 1. - *Le but de la société est le bonheur commun. - Le gouvernement est institué pour garantir à l'homme la puissance de ses droits naturels et imprescriptibles.*

Article 2. - *Ces droits sont l'égalité, la liberté, la sûreté, la propriété.*

Article 3. - *Tous les hommes sont égaux par la nature et devant la loi.*

Article 4. *- La loi est l'expression libre et solennelle de la volonté générale ; elle est la même pour tous, soit qu'elle protège, soit qu'elle punisse ; elle ne peut ordonner que ce qui est juste et utile à la société ; elle ne peut défendre que ce qui lui est nuisible.*

Article 5. *- Tous les citoyens sont également admissibles aux emplois publics. Les peuples libres ne connaissent d'autres motifs de préférence, dans leurs élections, que les vertus et les talents.*

Article 6. *- La liberté est le pouvoir qui appartient à l'homme de faire tout ce qui ne nuit pas aux droits d'autrui : elle a pour principe la nature ; pour règle la justice ; pour sauvegarde la loi ; sa limite morale est dans cette maxime : Ne fais pas à un autre ce que tu ne veux pas qu'il te soit fait.*

Article 7. *- Le droit de manifester sa pensée et ses opinions, soit par la voie de la presse, soit de toute autre manière, le droit de s'assembler paisiblement, le libre exercice des cultes, ne peuvent être interdits. - La nécessité d'énoncer ces droits suppose ou la présence ou le souvenir récent du despotisme.*

Article 8. - *La sûreté consiste dans la protection accordée par la société à chacun de ses membres pour la conservation de sa personne, de ses droits et de ses propriétés.*

Article 9. - *La loi doit protéger la liberté publique et individuelle contre l'oppression de ceux qui gouvernent.*

Article 10. - *Nul ne doit être accusé, arrêté ni détenu, que dans les cas déterminés par la loi et selon les formes qu'elle a prescrites. Tout citoyen, appelé ou saisi par l'autorité de la loi, doit obéir à l'instant ; il se rend coupable par la résistance.*

Article 11. - *Tout acte exercé contre un homme hors des cas et sans les formes que la loi détermine, est arbitraire et tyrannique ; celui contre lequel on voudrait l'exécuter par la violence a le droit de le repousser par la force.*

Article 12. - *Ceux qui solliciteraient, expédieraient, signeraient, exécuteraient ou feraient exécuter des actes arbitraires, seraient coupables, et doivent être punis.*

Article 13. - *Tout homme étant présumé innocent jusqu'à ce qu'il ait été déclaré coupable, s'il est jugé indispensable de l'arrêter, toute rigueur qui ne serait pas nécessaire pour* s'assurer de sa personne doit être sévèrement réprimée par la loi.

Article 14. - *Nul ne doit être jugé et puni qu'après avoir été entendu ou légalement appelé, et qu'en vertu d'une loi promulguée antérieurement au délit. La loi qui punirait les délits commis avant qu'elle existât serait une tyrannie ; l'effet rétroactif donné à la loi serait un crime.*

Article 15. - *La loi ne doit décerner que des peines strictement et évidemment nécessaires : les peines doivent être proportionnées au délit et utiles à la société.*

Article 16. - *Le droit de propriété est celui qui appartient à tout citoyen de jouir et de disposer à son gré de ses biens, de ses revenus, du fruit de son travail et de son industrie.*

Article 17. - *Nul genre de travail, de culture, de commerce, ne peut être interdit à l'industrie des citoyens.*

Article 18. - *Tout homme peut engager ses services, son temps ; mais il ne peut se vendre, ni être vendu ; sa personne n'est pas une propriété aliénable. La loi ne reconnaît point de domesticité ; il ne peut exister qu'un engagement de soins et de reconnaissance, entre l'homme qui travaille et celui qui l'emploie.*

Article 19. - Nul ne peut être privé de la moindre portion de sa propriété sans son consentement, si ce n'est lorsque la nécessité publique légalement constatée l'exige, et sous la condition d'une juste et préalable indemnité.

Article 20. - Nulle contribution ne peut être établie que pour l'utilité générale. Tous les citoyens ont le droit de concourir à l'établissement des contributions, d'en surveiller l'emploi, et de s'en faire rendre compte.

Article 21. - Les secours publics sont une dette sacrée. La société doit la subsistance aux citoyens malheureux, soit en leur procurant du travail, soit en assurant les moyens d'exister à ceux qui sont hors d'état de travailler.

Article 22. - L'instruction est le besoin de tous. La société doit favoriser de tout son pouvoir les progrès de la raison publique, et mettre l'instruction à la portée de tous les citoyens.

Article 23. - La garantie sociale consiste dans l'action de tous, pour assurer à chacun la jouissance et la conservation de ses droits ; cette garantie repose sur la souveraineté nationale.

Article 24. - Elle ne peut exister, si les limites des fonctions publiques ne sont pas clairement déterminées par la loi, et si la responsabilité de tous les fonctionnaires n'est pas assurée.

Article 25. - La souveraineté réside dans le peuple ; elle est une et indivisible, imprescriptible et inaliénable.

Article 26. - Aucune portion du peuple ne peut exercer la puissance du peuple entier ; mais chaque section du souverain assemblée doit jouir du droit d'exprimer sa volonté avec une entière liberté.

Article 27. - Que tout individu qui usurperait la souveraineté soit à l'instant mis à mort par les hommes libres.

Article 28. - Un peuple a toujours le droit de revoir, de réformer et de changer sa Constitution. Une génération ne peut assujettir à ses lois les générations futures.

Article 29. - Chaque citoyen a un droit égal de concourir à la formation de la loi et à la nomination de ses mandataires ou de ses agents.

Article 30. - Les fonctions publiques sont essentiellement temporaires ; elles ne peuvent être considérées comme des *distinctions ni comme des récompenses, mais comme des devoirs.*

Article 3 1. *- Les délits des mandataires du peuple et de ses agents ne doivent jamais être impunis. Nul n'a le droit de se prétendre plus inviolable que les autres citoyens.*

Article 32. *- Le droit de présenter des pétitions aux dépositaires de l'autorité publique ne peut, en aucun cas, être interdit, suspendu ni limité.*

Article 33. *- La résistance à l'oppression est la conséquence des autres Droits de l'homme.*

Article 34. *- Il y a oppression contre le corps social lorsqu'un seul de ses membres est opprimé. Il y a oppression contre chaque membre lorsque le corps social est opprimé.*

Article 35. *- Quand le gouvernement viole les droits du peuple, l'insurrection est, pour le peuple et pour chaque portion du peuple, le plus sacré des droits et le plus indispensable des devoirs.*

C'est une affaire d'hommes, c'est une affaire d'immanence, c'est un affaire horizontale ; rien du ciel, tout de nous.

Il convient désormais pour les immanences de résister aux transcendances.